해마다 7월 4일이 되면 미국 곳곳에서는 축제가 열려.
미국의 독립을 축하하는 날이거든.
1776년 7월 4일, 영국으로부터 독립을 선언하면서
미국은 첫발을 내딛게 되었어.

나의 첫 세계사 15

다양한 민족이 어우러진
미국

박혜정 글 | 김미선 그림

휴먼
어린이

오늘은 미국에 가 보자.
우리나라에서 비행기를 타고 태평양이라는 넓은 바다를 건너면
미국이 있는 아메리카 대륙에 갈 수 있어.
아메리카는 북아메리카와 남아메리카로 나뉘는데, 미국은 북아메리카에 있지.
북아메리카 한중간에 있는 미국은 정말이지 큰 나라야.
우리나라 땅보다 98배쯤 넓대!

미국의 서쪽에는 태평양이 있고, 동쪽에는 대서양이라는 큰 바다가 있어.
미국에서 대서양을 건너면 유럽에 갈 수 있지.
대서양을 건너와서 미국을 세운 사람들이 바로 유럽 사람들이야.

물론 유럽 사람들이 건너오기 전부터 아메리카 대륙에는 사람들이 살고 있었어.
들소를 사냥하거나 옥수수 농사를 짓던 사람들도 있었고,
큰 도시를 만들며 문명을 발달시킨 사람들도 있었지.
그런 곳에 유럽의 탐험가들이 나타났던 거야.
첫발을 내디딘 사람은 에스파냐 왕의 후원을 받은 **콜럼버스**였어.

곧이어 더 많은 탐험가와 군인들이 도착했어.
이들은 아메리카를 '신대륙'이라 부르며
금과 은, 보석처럼 돈이 되는 것들을 가져갔지.
원주민들이 만든 아스테카 왕국이나 잉카 제국의 문명은 파괴되었어.
유럽 사람들이 들고 온 총을 당해 낼 수가 없었거든.

그다음에는 영국 사람들이 북아메리카에 도착했어.
가난에서 벗어나기 위해 돈을 벌러 온 사람도 있었고,
원하는 종교를 마음껏 믿을 수 있는 자유를 찾아 떠나온 사람도 있었지.
하지만 낯선 땅에서 살아가는 건 너무나 어려운 일이었어.
겨울 날씨는 춥고 먹을 음식은 부족했지.
농사는 실패하기 일쑤였고, 전염병까지 돌았어.

그런 영국인들에게 원주민들이 먼저 손을 내밀었어.

옥수수, 완두콩, 호박 농사를 짓는 법이나

메이플 시럽을 만드는 법을 알려 주었지.

옥수수를 수확한 첫 가을,

영국인들은 아메리카 원주민을 초대해서 감사한 마음을 전했어.

노래를 부르고 기도를 하자.

함께 부르는 노래.

노래를 부르며 춤을 추자.

함께 어울리는 춤.

하지만 평화는 길지 않았어.
점점 더 많은 영국 사람들이 북아메리카로 오면서
아메리카 원주민들은 살 곳을 잃고, 먼 곳으로 쫓겨나게 되었거든.
영국인들은 점점 더 큰 농장을 짓고 물건을 사고팔며 돈을 벌었어.
농사지을 사람이 부족해지자,
아프리카 대륙에서 흑인들을 데려와 노예로 부리기도 했지.

그렇게 모인 사람들이 하나둘 늘어나서
북아메리카의 동쪽 끝에 13개의 영국 식민지가 만들어졌어.
그 안에 뉴욕, 보스턴, 필라델피아 같은 도시들이 들어섰지.
영국 말고도 유럽 여러 나라에서 온 사람들과
아프리카에서 끌려온 흑인들도 이곳에서 살아가게 되었어.

● **식민지** 정치·경제적으로 다른 나라의 지배를 받는 나라.

영국은 아메리카 대륙의 식민지를 요령껏 다스렸어.
식민지 사람들의 자유를 인정하고 크게 간섭하지 않았지.
하지만 영국의 상황이 점점 바뀌고 있었어.
몇 번의 전쟁을 치르면서 나라 살림이 어려워졌거든.
그러면서 영국은 식민지에서
더 많은 세금을 걷어야겠다고 생각했지.

"책이나 신문을 만들 때 세금을 내시오.
영국의 설탕과 차, 종이와 잉크를 수입하려면 세금을 내야 합니다."

차츰차츰 늘어나는 세금에 식민지 사람들은 화가 났어.
그런 결정을 멀리 영국에서, 자기들 마음대로 하다니!
식민지 사람들의 마음속에는 불만이 가득 차게 되었지.

이 당시 사람들이 즐겨 마신 음료 중에 차가 있어.

맞아, 홍차나 녹차처럼 찻잎을 우려내서 먹는 차 말이야.

식민지 사람들이 마시는 차의 가격이 세금 때문에 비싸진 데다가,

영국은 아메리카 식민지에서 영국 상인들만 차를 팔 수 있도록 허락했어.

불만이 쌓인 식민지 사람들은 원주민으로 변장하고 보스턴 항구로 향했어.

보스턴 항구에는 차를 가득 실은 영국 상인들의 배가 머무르고 있었거든.

후다닥! 식민지 사람들이 배 위로 올라탔어.

풍덩풍덩! 배 안에 있던 차 상자들을 바다로 몽땅 빠트려 버렸지.

그 소식을 들은 영국의 의원들이 모여 회의를 했어.

"많은 양의 차가 바다로 버려져서 영국 상인들의 피해가 큽니다."

"이런 식으로 불만을 나타내는 식민지 사람들을 그냥 두면 안 됩니다!"

13개의 식민지 대표들도 모여 회의를 했지.

"영국이 마음대로 정하는 법과 세금을 우리가 꼭 따라야 합니까?"

"이번 기회에 영국으로부터 독립해서 새로운 나라를 만듭시다!"

영국 사람들과 식민지 사람들 사이가 점점 더 나빠져 갔어.

"전쟁이다! 전쟁이 벌어졌다!"

영국과 아메리카 식민지 사이에 전쟁이 벌어지고 말았어.
당시 영국의 군대는 세계 최강이었지.
식민지 사람들도 이에 맞서 군대를 만들고,
군대를 이끄는 총사령관도 뽑았어. 바로 **조지 워싱턴**이었지.
식민지 군대와 영국군의 전투가 렉싱턴과 보스턴,
새러토가와 요크타운에서 계속되었어.

영국군은 영국에서 멀리 떨어진 곳에서 싸우느라 점점 힘이 빠져 갔어.
게다가 영국과 사이가 좋지 않았던 프랑스나 에스파냐 같은 나라들이
식민지 편을 들어주기도 했지. 결국 전쟁은 식민지 군대의 승리로 끝났어.
이로써 영국으로부터 독립한 새 나라가 탄생하게 되었지.
맞아, 그 나라가 **미국**이야!
13개의 식민지가 아니라, 13개의 주•로 이루어진 미국이 세워진 거야.

● **주**   자치권을 가진 여러 개의 나라 또는 지방으로 이루어진 연합 국가의 행정 구역.

전쟁이 막 시작되던 때 중요한 일이 또 하나 있었어.
식민지 대표들이 모여서 **독립 선언문**을 발표한 일이었지.
독립 선언문은 이런 내용이야. 잘 들어 봐.

"사람들에게는 하늘로부터 받은
권리가 있다.
자유롭게 살아갈 권리와
행복을 추구할 권리가 그것이다.
사람들의 권리를 보호하기 위해
나라가 있는 것이고,
나라가 그런 역할을 못한다면,
그 나라를 없애고
새로운 나라를 만들 권리도
사람들에게 있다."

사람들은 나라에 세금을 내거나
나라의 명령을 따르려고 태어난 게 아니야.
누구나 자유롭고 행복하게 살아갈 권리가 있어!
독립 선언문은 식민지 사람들이
영국에 맞서 싸우는 중요한 이유가 되었고,
새롭게 탄생한 미국이 지켜야 하는 중요한 약속이 되었어.

새롭게 만들어진 나라는 어떻게 다스려야 할까?
그 당시 다른 나라에는 왕이 있었는데,
미국은 왕이 없는 나라를 만들어 보기로 했어.
국민이 투표를 해서 자신들의 대표를 뽑고,
그 대표를 '대통령'이라고 부르기로 했지.

아버지가 왕이면 그 아들이 왕이 될 수 있고,
한번 왕이 되면 죽을 때까지 왕을 할 수 있지.
하지만 대통령은 투표를 통해서 뽑고, 정해진 기간 동안만 할 수 있어.
미국은 4년에 한 번씩 대통령 선거를 하기로 했지.

대통령이 되었다고 왕과 같은 힘을 갖는 것도 아니야.
대통령이 할 수 있는 일을 법으로 확실히 정해 두었거든.
과연 누가 미국의 첫 번째 대통령이 되었을까?
영국에 맞서 싸운 독립 전쟁에서 활약했던 총사령관,
맞아! 조지 워싱턴이야.

"대통령이 무엇일까? 대통령과 왕은 어떻게 다를까?"

전 세계 사람들은 생전 처음 본 대통령을 신기하게 생각했어.

조지 워싱턴은 첫 대통령으로서 할 일을 잘 해냈어.
법을 만들고 장관을 정하고 군대를 제대로 갖추었지.
4년 후의 선거에서 워싱턴이 또 대통령에 당선되었어.
그 후로도 사람들은 워싱턴이 오래오래
대통령을 해도 좋겠다고 생각했지만,
워싱턴은 단호히 거절했지.

"나는 왕이 아니라 대통령입니다.
한 사람이 이렇게 오래 대통령을 하는 것은
민주주의●를 따르는 미국의 정신에 어긋납니다."

● **민주주의** 국민이 함께 나랏일을 결정하는 정치 제도.

조지 워싱턴은 대통령 자리에서 물러난 뒤 농장을 운영하며 살았대.
그의 이름은 미국의 수도 '워싱턴'에 남아 있고,
그의 얼굴은 미국에서 가장 많이 사용되는 1달러 지폐에 그려져 있어.
워싱턴은 지금까지도 미국 사람들에게 사랑과 존경을 받고 있지.

워싱턴 이후로도 미국의 대통령은 계속해서 투표를 통해 뽑았어.
13개의 주로 시작했던 미국의 주도 하나둘 늘어났지.
북아메리카 대륙의 동쪽만 차지하고 있던 미국이
산을 넘고 강을 건너 점차 서쪽으로 영토를 넓혀 나갔어.
서쪽에서 금광이 발견되었다는 소식이 퍼지자,
사람들은 너도나도 금을 갖겠다며 더욱더 서쪽을 향해 갔지.

"서쪽으로, 서쪽으로!"

미국의 땅은 넓어졌지만, 원래 이곳에 살던 원주민들은 쫓겨나게 되었어.
원주민들은 자유롭고 행복하게 살 권리를 인정받지 못했던 거야.
아메리카 원주민 말고도 차별받는 사람들은 또 있었어.
아프리카에서 끌려온 흑인 노예의 후손들이었지.

흑인 노예들이 주로 끌려간 곳은 미국의 남쪽 땅이야.
미국 남부는 평평한 땅이 넓게 펼쳐져 있었고
햇살이 따사로워 농사짓기에 좋았어. 특히 목화 농사가 잘되었지.
거두어들인 목화솜을 유럽에 내다 팔면 큰돈을 벌 수 있었어.
흑인 노예들은 내리쬐는 땡볕 아래에서 땀을 뻘뻘 흘리며 온종일 일해야 했고,
말이나 소 같은 가축처럼 채찍으로 맞으며 혹독하게 부려졌지.

미국 북쪽 땅에 살던 북부 사람들은 남부 사람들이
흑인 노예를 부리고 차별하는 것을 지켜보고는 몹시 화가 났어.

'피부색이 다르다고 사람을 차별하다니!
사람을 가축처럼 부려 먹고 사고팔다니!'

미국 북부는 농사짓기에 적당한 날씨가 아니어서
농장보다는 공장이 많았고, 공장에서는 흑인 노예가 필요하지 않았지.
흑인 노예 문제를 두고 북부와 남부 사람들 사이에 갈등이 생겨났어.

'링컨'이라는 이름을 들어 본 적 있니?

에이브러햄 링컨은 미국의 5달러 지폐 안에 그려져 있는 사람이야.

미국의 제16대 대통령인데, 워싱턴만큼 미국 사람들에게 인기 있는 대통령이지.

링컨은 미국의 북부와 남부가 갈라져서 싸우지 않으려면
노예 제도를 없애야 한다고 생각했어.
노예가 필요했던 남부 사람들은 자기들과 생각이 다른
링컨을 대통령으로 인정하기 싫었지.

남부 사람들은 자기들끼리 새로운 나라를 만들기로 했어.

그리고 새로운 대통령까지 뽑았지 뭐야.

링컨은 이런 상황을 받아들일 수 없었고,

결국 북부와 남부 사이에 전쟁이 벌어졌어.

이렇게 미국의 **남북 전쟁**이 시작되었던 거야.

남북 전쟁이 벌어지던 중에 링컨은 **노예 해방 선언**을 했어.
남부에 살던 흑인들은 자유를 찾아 북부로 향했지.
남부에는 전쟁에 필요한 무기나 군인의 수도 적었어.
갈수록 상황이 불리해졌지만, 남부 사람들은 쉽게 항복하지 않았어.
전쟁은 4년에 걸쳐 계속되었고, 많은 사람이 죽고 다쳤지.
링컨은 전쟁 중에 이런 유명한 연설을 남기기도 했어.

"국민의, 국민에 의한, 국민을 위한 정부는
이 땅에서 영원히 사라지지 않을 것입니다!"

전쟁에서 죽은 군인들을 위로하고,
끝까지 살아남아서 싸워야 하는 군인들을 응원하는 이 연설 덕분이었을까?
이후 벌어지는 전투에서 북부가 이기면서 전쟁은 마침내 북부의 승리로 끝났어.
미국은 남북으로 나뉘지 않았고, 흑인 노예는 자유를 갖게 되었지.

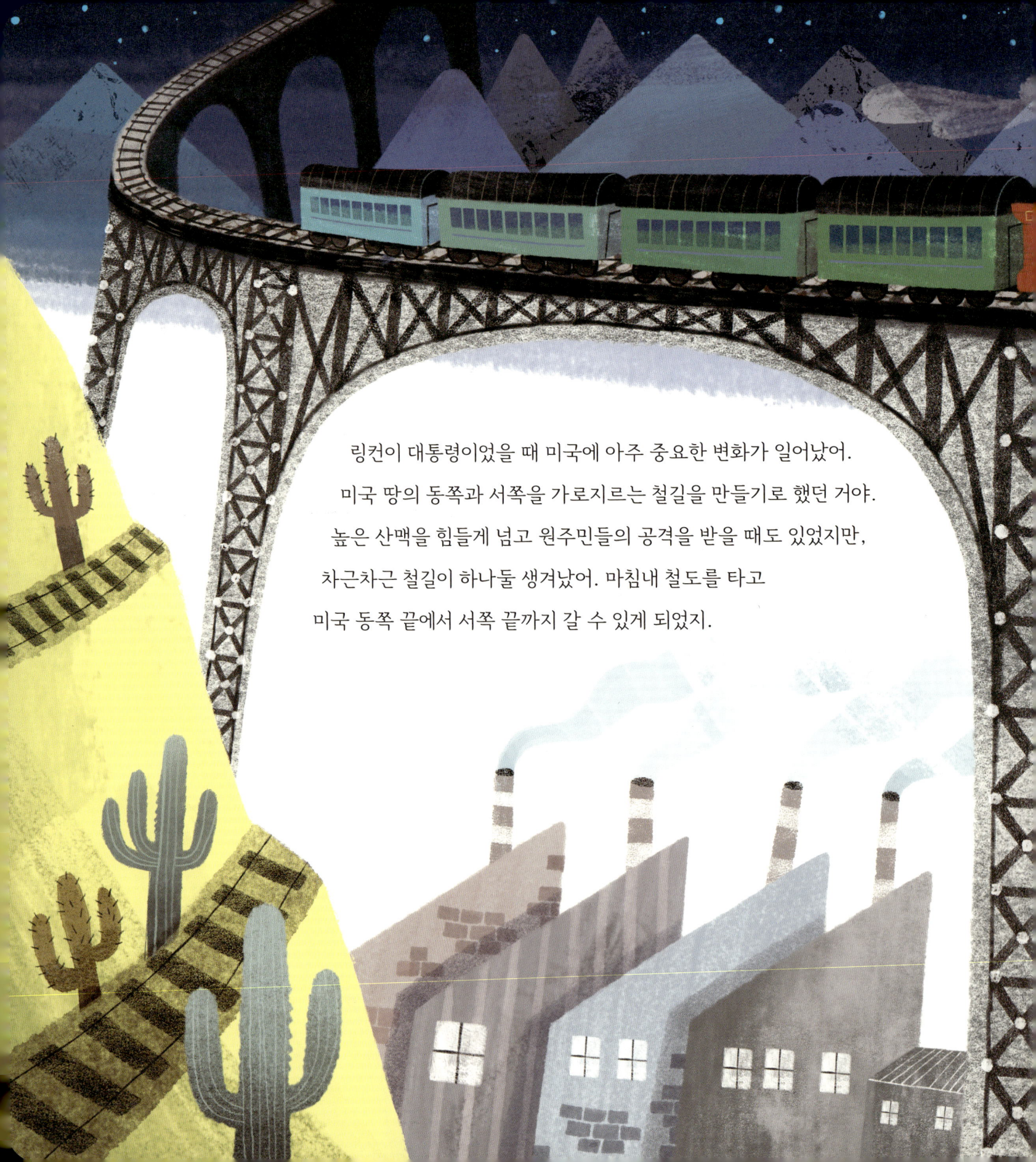

링컨이 대통령이었을 때 미국에 아주 중요한 변화가 일어났어.
미국 땅의 동쪽과 서쪽을 가로지르는 철길을 만들기로 했던 거야.
높은 산맥을 힘들게 넘고 원주민들의 공격을 받을 때도 있었지만,
차근차근 철길이 하나둘 생겨났어. 마침내 철도를 타고
미국 동쪽 끝에서 서쪽 끝까지 갈 수 있게 되었지.

미국의 넓은 땅에 더 많은 공장이 지어지면서 산업도 더욱 발달했어.
단단한 철이 공장에서 만들어졌고, 도시에는 더 높은 건물이 들어섰지.
발명가 에디슨은 전구를 만들어서 어두운 밤을 환하게 밝혀 주었어.
전화기, 카메라, 비행기 같은 물건들이 새롭게 등장했고,
이런 물건들이 공장에서 더 많이, 더 빠르게 만들어졌지.
미국은 점점 더 번성하고 발전하기 시작했어.

"기회의 땅, 미국으로 가자!"

유럽, 아시아, 아프리카 사람들이 미국으로 모여들었어.
온 세상 사람들이 북적북적 바글바글 잘 어울려 지내면 좋을 텐데,
피부색이 다르다고 속닥속닥, 태어난 곳이 다르다며 쑥덕쑥덕 편을 갈랐어.
특히 백인과 백인이 아닌 사람을 구분했고, 흑인들은 오랫동안 차별받았지.

링컨이 노예 해방을 선언했지만,
곧바로 흑인들이 자유롭고 평등해진 건 아니었어.
백인과 흑인은 다르다는 생각이 오래 계속되었거든.

백인과 흑인이 사용하는 장소를 나누기도 했어.
학교나 식당도 따로, 화장실도 따로, 기차 칸과 버스 좌석도 따로따로였지.
흑인들은 돈이 있어도 기차의 좋은 좌석에 앉을 수 없었고,
집 가까이에 학교가 있어도 저 멀리 흑인들만 다니는 학교에 가야 했어.
그런 시간이 아주아주 길었어. 흑인들의 아픔과 슬픔도 차곡차곡 쌓여 갔지.

어느 저녁 퇴근 시간,
미국의 도시 몽고메리에서 벌어진 일이야.
종일 일터에서 피곤하게 일했던
로자 파크스가 버스에 탔어.
흑인 여성이었던 로자 파크스는
버스 뒷자석에 있는 흑인 칸에 앉았지.
흑인 좌석은 뒷자리로,
백인 좌석은 앞자리로 정해져 있었거든.
버스 앞쪽의 백인 좌석이 모두 채워지자,
버스 기사는 흑인들에게 자리를 양보하라고
말했어. 이런 차별이 지긋지긋했던
로자 파크스는 끝까지 버티다가
결국 경찰서로 끌려가야 했지.

이 이야기는 흑인들 사이에 금세 퍼졌고,

흑인들은 '버스 타기 거부 운동'을 벌이기로 했어.

돈을 모아 택시를 타거나 먼 거리를 걸어 다니는 일이 힘들고 번거로웠지만,

흑인들의 하나 된 마음을 보여 주고 싶었지.

흑인들은 함께 걷고 노래하고 시위하며 힘을 모았고,

결국 백인과 흑인을 차별하는 법이 잘못되었다는 판결까지 이끌어 냈어.

미국의 제44대 대통령은 **버락 오바마**야.

오바마는 미국 최초의 흑인 대통령이기도 해.

이제 미국은 피부색을 가지고 차별하지 않는 나라가 된 걸까?

겉으로 보기에는 그렇지만, 정말 그런지는 좀 더 들여다봐야 알 것 같아.

모든 사람이 자유롭고 행복하게 살 권리가 있다는
미국 독립 선언문의 약속은 단번에 지켜지지 않았어.
아메리카 대륙에 살던 원주민을 내몰았고 흑인들을 차별했지.
여성이 남성과 같은 권리를 갖는 데에도 오랜 시간이 걸렸어.
아픔을 이겨 내고 자유와 평등을 이루려는 많은 사람의 노력으로
미국이 처음 생겨났을 때 만들어진 약속이 지켜지고 있단다.

나의 첫 역사 여행

미국의 주요 도시들

워싱턴 D.C.

미국은 여러 개의 주(州)로 이루어진 연방 공화국이야.
나라가 처음 탄생했을 때 어느 주에도 속하지 않는
독립적인 도시를 세워 수도로 삼았는데, 그곳이 바로 워싱턴이지.
대통령이 머무르며 나랏일을 돌보는 백악관이나
미국의 민주주의를 상징하는 국회 의사당이 이곳에 있어.
워싱턴 중심부에 위치한 국립 공원 '내셔널 몰' 서쪽 끝에는
초대 대통령 조지 워싱턴을 기념하는 높다란 기념탑이 세워져 있지.
높이가 169미터에 달하는 워싱턴 기념탑은 도시를 내려다보며
미국이 처음 생겨났을 때 약속했던 자유와 평등의 가치를
사람들이 잘 지키고 있는지 살펴보는 것 같아.

| 미국 대통령의 관저 백악관 | 워싱턴 기념탑 |

뉴욕

미국 뉴욕시 맨해튼의 도시 풍경

자유의 여신상

미국에서 가장 많은 사람이 사는 도시는 뉴욕이야.
유럽 사람들이 아메리카로 옮겨 오던 때
많은 유럽 사람이 정착했던 도시 중 하나였지.
미국이 산업 혁명을 거치면서 가장 크게 발전한 도시이기도 해.
1931년에 지어진 102층짜리 엠파이어 스테이트 빌딩은
그 당시에 세계에서 가장 높은 건물이었어.
이곳 전망대에 올라가면 뉴욕 맨해튼의 빌딩 숲을 한눈에 볼 수 있지.
미국 독립 100주년을 기념해서 프랑스에게 선물 받은
자유의 여신상도 뉴욕에 있어.

로스앤젤레스

뉴욕에 이어 미국에서 두 번째로 많은 사람이 사는 도시가
로스앤젤레스야. 간단하게 LA라고 부르기도 해.
미국 서부를 대표하는 대도시 로스앤젤레스는
캘리포니아주 남부에 위치하고 있어.
서쪽으로는 아름다운 태평양의 해변이 펼쳐져 있지.
세계 영화 산업을 이끌어 가는 할리우드도 로스앤젤레스에 있어.
한국이나 중국 같은 아시아 사람들은 물론이고,
다양한 국가 출신의 사람들이 어울려 사는 곳으로 유명해.

LA 중심부와 가까운 '산타 모니카' 해변

나의 첫 역사 클릭!

미국을 가로지르는 대륙 횡단 철도

미국은 러시아와 캐나다에 이어 세계에서 세 번째로 땅이 넓은 나라야.
하지만 처음부터 미국의 영토가 넓은 건 아니었어.
대서양과 만나는 북아메리카 동쪽 끝에 있는 지역만 미국 땅이었거든.
중앙에 있는 루이지애나 부근의 땅은 프랑스로부터 사들였지.
멕시코와 전쟁을 벌이면서 남쪽의 텍사스 지역이나
서쪽의 캘리포니아 지역도 미국의 영토가 되었어.
동쪽에는 대서양, 서쪽에는 태평양과 만나는 거대한 영토를 갖게 되면서
미국의 동쪽과 서쪽을 가로지르는 새로운 교통수단이 필요해졌어.
당시에 주로 이용하던 마차를 타면 시간도 오래 걸리고,
이동하는 중간중간 원주민들의 공격을 받을 수도 있었거든.
배를 타고 가려면 저 멀리 있는 남아메리카 대륙을 빙 돌아가야 했지.

최초의 대륙 횡단 철도 준공 75주년을 기념하여
1944년 미국에서 발행된 우표

이 무렵 미국은 남북 전쟁을 치르느라 매우 힘든 시기를 보내고 있었지만,
링컨 대통령은 미국의 통합을 위해 새로운 교통수단인 철도가 꼭 필요하다고 생각했어.
철도법을 만들어서 미국을 가로지르는 철도가 문제없이 건설되도록 지원했지.

1869년 5월 10일, 미국 유타주 프로몬토리 서밋에서 열린 대륙 횡단 철도 연결식

1869년, 공사가 시작된 지 6년 만에 마침내 미국을 횡단하는 철도가 완성되었어.
물론 그 과정에서 큰 어려움도 있었지.
자신들의 살 곳을 위협받는다고 생각한 원주민들이 철도 공사를 방해하기도 했고,
험난한 공사장에서 일하던 중국인 노동자들이 죽거나 다치는 일도 많았거든.
이렇게 완성된 대륙 횡단 철도 덕분에 전에는 6개월 이상 걸리던 거리를
일주일이면 갈 수 있게 되었어. 동과 서를 이어 나라의 통합을 이루게 된 미국은
앞으로 최대 공업국이자 강대국으로 성장할 수 있게 된단다.

글 박혜정

성균관대학교 역사교육과에서 공부했습니다. 중학교에서 역사를 가르치며 학생들과 세계사의 재미를 나누고 있습니다. 두 아이의 엄마로, 아이를 무릎에 앉혀 놓고 그림책을 읽어 주던 때가 인생에서 빛나던 시절 중 하나라 여기고 있습니다.

그림 김미선

세종대학교 회화과를 졸업하고, 어린이 친구들이 재미있게 책을 읽을 수 있도록 그림을 그리고 있습니다. 그린 책으로 《스카이 레이싱》, 《환경아 놀자》, 《높은 구두 임금님》 등이 있습니다.

나의 첫 세계사 15 — **다양한 민족이 어우러진 미국**

1판 1쇄 발행일 2023년 10월 2일

글 박혜정 | **그림** 김미선 | **발행인** 김학원 | **편집** 박현혜 | **디자인** 박인규
저자·독자 서비스 humanist@humanistbooks.com | **용지** 화인페이퍼 | **인쇄** 삼조인쇄 | **제본** 다인바인텍
발행처 휴먼어린이 | **출판등록** 제313-2006-000161호(2006년 7월 31일) | **주소** (03991) 서울시 마포구 동교로23길 76(연남동)
전화 02-335-4422 | **팩스** 02-334-3427 | **홈페이지** www.humanistbooks.com

글 ⓒ 박혜정, 2023 그림 ⓒ 김미선, 2023
ISBN 978-89-6591-524-9 74900
ISBN 978-89-6591-460-0 74900(세트)

- 이 책은 저작권법에 따라 보호받는 저작물이므로 무단 전재와 무단 복제를 금합니다.
- 이 책의 전부 또는 일부를 이용하려면 반드시 저작권자와 휴먼어린이 출판사의 동의를 받아야 합니다.
- **사용연령 6세 이상** 종이에 베이거나 긁히지 않도록 조심하세요. 책 모서리가 날카로우니 던지거나 떨어뜨리지 마세요.